INHALT

MATERIALIEN

NÄHGARN

BAUMWOLLSTOFF UND JERSEY

VLIESEINLAGE

FILZ

BÄNDER UND KORDELN

Baumwollstoff

Baumwollstoff lässt sich einfach nähen, es gibt ihn in vielen verschiedenen Farben und Mustern.

Jersey

Jersey ist dehnbar und eignet sich für Kleidungsstücke wie z.B. den Loop in diesem Buch.

Filz

Filz lässt sich besonders leicht verarbeiten, mit ihm kannst du sehr schnell schöne Ideen umsetzen.

Nähgarn

Für die Modelle im Buch kannst du einfaches Allzweck-Garn aus Polyester verwenden, das es in einer großen Farbauswahl gibt.

Füllwatte

Füll- oder Deko-Watte benutzt du zum Ausfüllen einiger Modelle. Es gibt auch waschbare Watte.

Knöpfe

Knöpfe benutzt man als Verschluss z.B. für Taschen oder einfach, um ein Teil zu dekorieren. Es gibt 2-Loch und 4-Loch-Knöpfe in verschiedenen Formen und Farben.

Bänder und Kordeln

Kordeln eignen sich als Tragebänder für Taschen, mit farbefrohen Bändern kannst du deine Modelle verzieren.

Vlieseinlage

Vlies oder Vlieseinlage wird verwendet, um einen Stoff fester zu machen. Es gibt Einlagen in verschiedenen Stärken und Festigkeiten. Einlagen zum Aufbügeln haben auf der einen Seite eine Klebeschicht, die auf die linke Seite des Stoffs gebügelt wird. Bitte folge hier den Anweisungen des Herstellers. Mit wattierter Einlage können Modelle ausgepolstert werden.

Knöpfe

Füllwatte

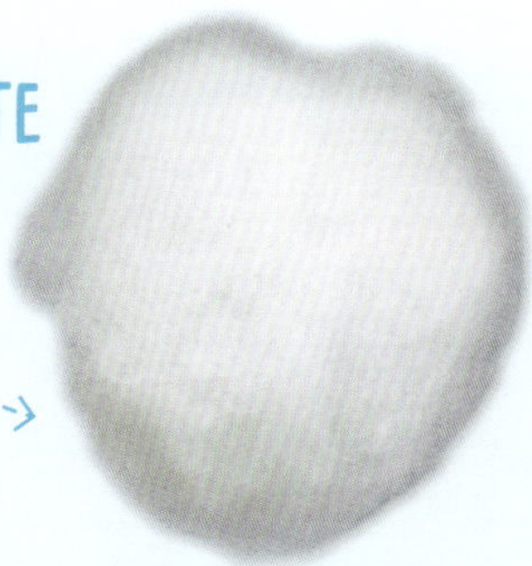

DAS BRAUCHST DU

NÄHWERKZEUG

SCHNEIDERKREIDE UND TRICKMARKER

MAßBAND

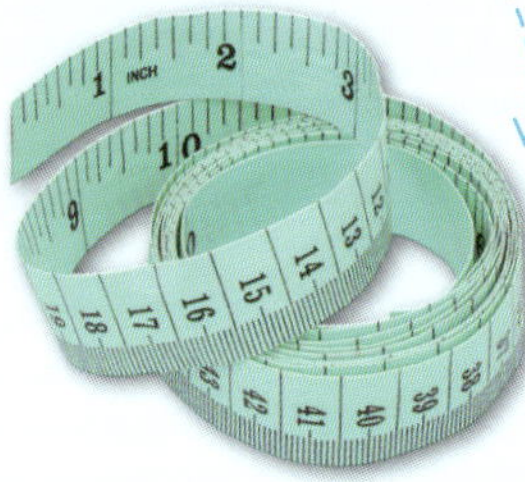

STOFFSCHERE

NÄHNADELN FÜR DIE NÄHMASCHINE

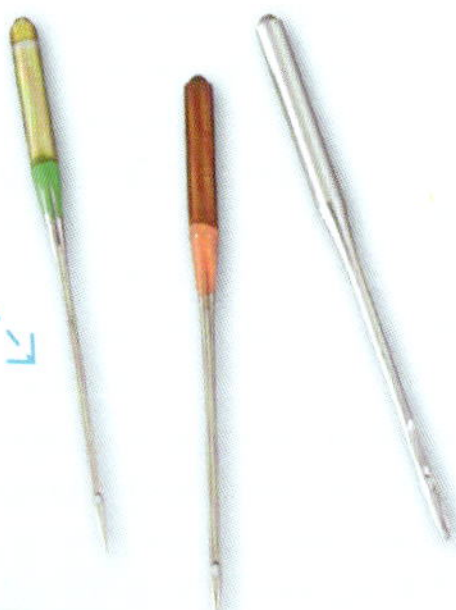

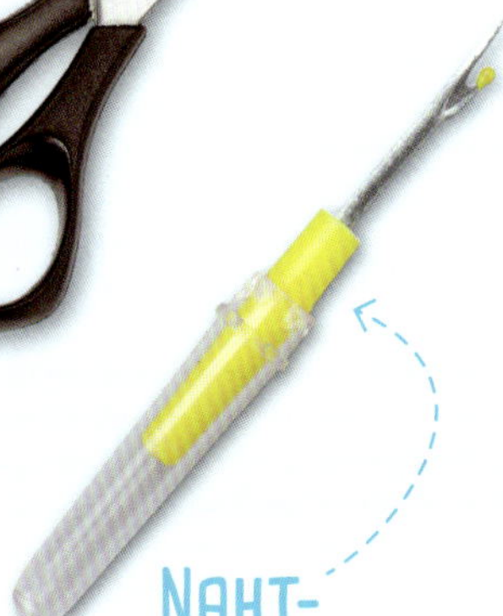

NAHT-TRENNER

STOFFMALSTIFT

WEICHER BLEISTIFT

NÄHNADELN FÜR DIE NÄHMASCHINE

Für Baumwollstoffe und Filz verwendest du am besten Nadeln der Stärke 80. Für Jersey gibt es spezielle Jerseynadeln, die eine abgerundete Spitze haben, um den Stoff zu schützen.

HANDNÄHNADELN

Handnähnadeln gibt es in verschiedenen Stärken. Für die Modelle im Buch eignen sich Nadeln mit der Stärke 9.

STOFFSCHERE

Um Stoff zu schneiden, benutzt du am besten eine spezielle Stoffschere. Eine kleinere spitze Schere eignet sich gut für die Modelle im Buch.

STECKNADELN

Mit Stecknadeln werden vor dem Nähen die verschiedenen Stoff- oder Filzteile aufeinander gesteckt. Gut greifen lassen sich Stecknadeln mit etwas größeren Köpfen.

NAHTTRENNER

Mit ihm kannst du eine Naht auftrennen, wenn du dich einmal vernäht hast. Schiebe das Messer dafür unter die Stiche um sie durchzuschneiden.

MAẞBAND

Das Maßband brauchst du zum Ausmessen von Stoffstücken oder auch um Markierungen anzubringen.

SCHNEIDERKREIDE UND TRICKMARKER

Mit Schneiderkreide oder Trickmarker kannst du Markierungen auf dem Stoff anbringen, die man später nicht mehr sehen soll. Die Kreide lässt sich wegpusten, der Trickmarker löst sich wieder auf.

WEICHER BLEISTIFT

Ein weicher Bleistift der Stärke 5 oder 6 eignet sich für Markierungen auf der linken Stoffseite, die man nach dem Nähen nicht mehr sieht.

STOFFMALSTIFT

Mit einem Stoffmalstift kannst du gut auf Stoff oder Filz malen.

STECKNADELN

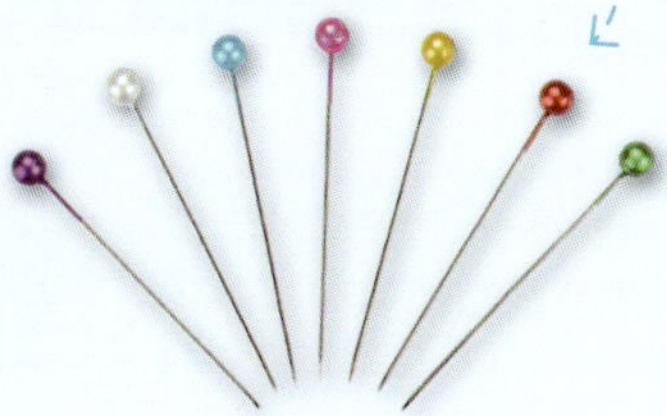

HANDNÄHNADELN

DIE NÄHMASCHINE

OBER- UND UNTERFADEN

An jeder Nähmaschine gibt es zwei Fäden, die sich beim Nähen miteinander verschlingen und eine feste Naht ergeben. Sie heißen Ober- und Unterfaden.

EINFÄDELN NACH BEDIENUNGSANLEITUNG

Fädle die beiden Fäden mit Hilfe eines Erwachsenen entsprechend der Bedienungsanleitung ein. Das ist bei jeder Nähmaschine etwas anders.

NÄHNADEL

Die Nähnadel hält den Oberfaden und sticht ihn durch den Stoff nach unten, wo er sich mit dem Unterfaden verschlingt.

STICHPROGRAMM EINSTELLEN

An diesem Rad stellst du das passende Stichprogramm ein. Für die Modelle in diesem Buch werden die geraden Stiche und Zickzackstiche verwendet. An einigen Nähmaschinen wählt man das Programm über Tasten oder einen Bildschirm aus.

STICHLÄNGE EINSTELLEN

Hier stellst du die Stichlänge für die Nähte ein. Wenn nicht anders beschrieben, benutzt du für die Modelle in diesem Buch eine Stichlänge von 2,5 mm.

NÄHFUß UND FÜßCHENHEBEL

Unter der Nadel ist das Füßchen, dass den Stoff leicht auf die Fläche darunter drückt. Beim Nähen senkst du das Füßchen mit dem Füßchenhebel herunter.

HANDRAD

Mit dem Handrad kannst du die Nähnadel absenken oder heben. Zu Beginn einer Naht senkst du die Nadel zuallererst herunter, bis sie im Stoff steckt.

PEDAL

Das Pedal treibt die Nähmaschine an. Trete nur vorsichtig mit der Fußspitze darauf, um die Geschwindigkeit besser kontrollieren zu können. Je langsamer du nähst, desto besser kannst du den Stoff lenken.

Stichlänge einstellen
Rückwärtsschalter
Handrad
Anniversary
Nähfuß
Nähfußhebel
Nähnadel
Stichprogramm einstellen

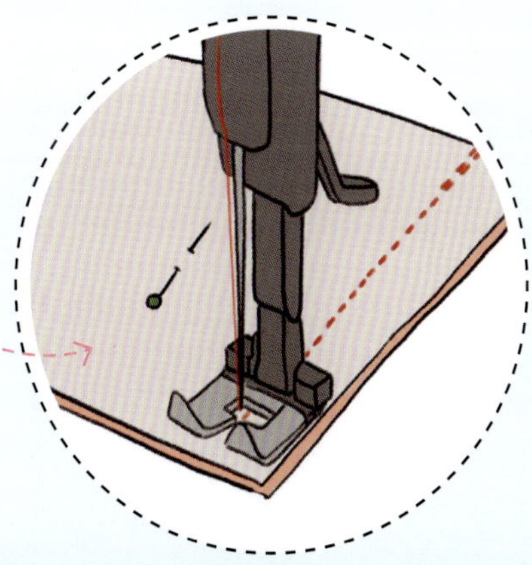
Füßchen und Füßchenhebel

DER SCHNITTMUSTERBOGEN

Für einige Modelle im Buch findest du eine Vorlage in Originalgröße auf dem Schnittmusterbogen. Was die Zeichen bedeuten, verrät dir die Legende.

SCHNITTKANTE

Hier schneidest du das Schnittmuster mit einer Papierschere aus.

NAHTLINIE MIT PFEIL

Auf dieser Linie nähst du später auf dem Stoffteil entlang.

FADEN- UND MASCHENLAUF

Lege die Vorlage so auf den Stoff, dass der Pfeil parallel zur Kante des Stoffes verläuft.

MARKIERUNGSLINIE

Diese Linie zeigt z.B. an, dass der Stoff gefaltet wird, ein Band oder zweiter Stoff aufgelegt wird.

EINSCHNEIDEN

Hier schneidest du den Stoff entsprechend der Markierung ein.

KNOPF

Hier nähst du einen Knopf auf den Stoff oder den Filz.

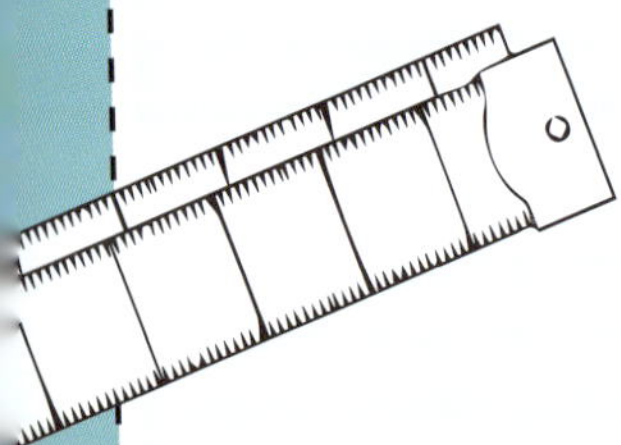

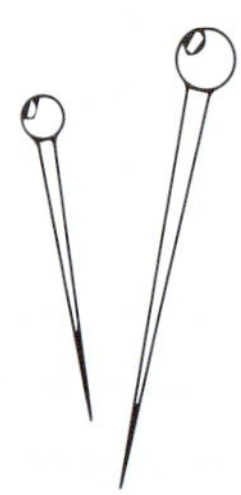

VORBEREITEN

Hier findest du das wichtigste Grundwissen, das du zum Nähen brauchst. Einige Techniken, die nur bei wenigen Modellen verwendet werden, findest du in den entsprechenden Anleitungen.

MODELL AUSSUCHEN

Beginne am besten mit einem Modell, das den Schwierigkeitsgrad 1 hat. Wenn du schon etwas mehr Übung hast, kannst du nach und nach auch die anderen Schwierigkeitsgrade für dich entdecken.

Schwierigkeitsgrad 1

Schwierigkeitsgrad 2

Schwierigkeitsgrad 3

STICHE AN DER NÄHMASCHINE EINSTELLEN

An der Nähmaschine kannst du die Stichlänge, also den Abstand zwischen zwei Nadeleinstichen in den Stoff einstellen. Bei den meisten Stoffen stellst du die Stichlänge auf 2,5 mm ein. Bei dicken Stoffen oder mehreren Stofflagen etwas größer. Bei dem Zickzackstich wird zusätzlich zur Stichlänge auch die Stichbreite eingestellt. Die Einstellungen sind in den Modellanleitungen jeweils angegeben.

Dieses Symbol steht für den Zickzackstich.

FADEN- UND MASCHENLAUF

Baumwollstoffe haben einen Fadenlauf, Jersey hat einen Maschenlauf. Beide sind immer parallel zu den Web- oder Strickkanten.

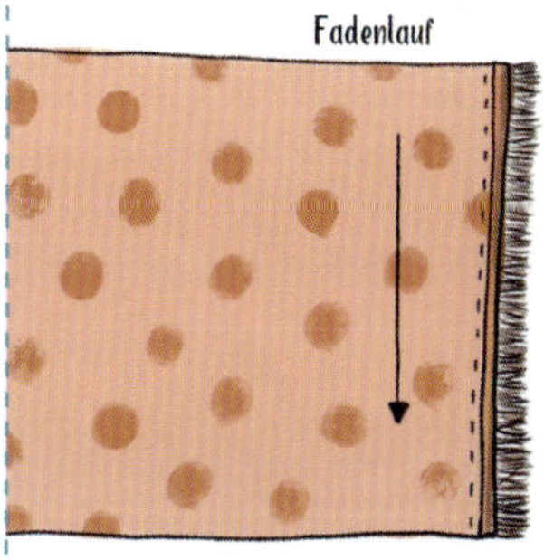

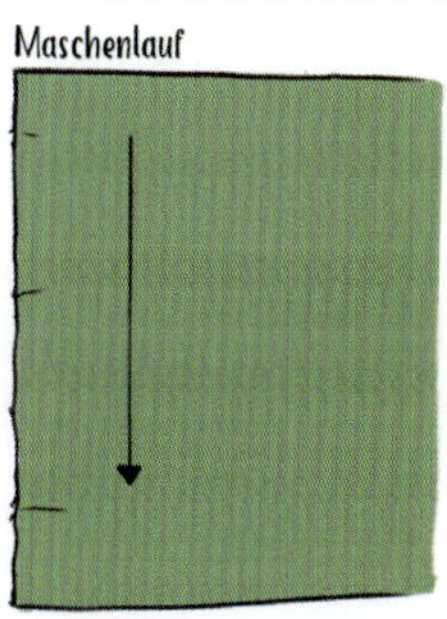

Die schöne Stoffseite

Die schöne Stoffseite bezeichnet man auch als rechte Stoffseite, die nach dem Nähen außen zu sehen ist. Bei der schönen Seite sind die Farben kräftiger oder die Muster gut zu sehen. Die nicht so schöne Seite heißt auch linke Stoffseite.

Stoffe rechts auf rechts legen

Zwei Stoffteile werden mit den schönen Seiten aufeinandergelegt, die linken, nicht so schönen Seiten sind außen zu sehen.

Nahtzugaben

Nahtzugabe nennt man den Stoffrand zwischen Naht und Schnittkante. Man braucht sie, damit die Naht nicht aufgehen kann. Normalerweise sind Nahtzugaben 1 cm breit. Möchtest du ein Stoffteil mit Nahtzugaben zuschneiden, zeichnest du vor dem Zuschneiden eine Linie im Abstand von 1 cm rund um das Schnittmuster auf den Stoff und schneidest das Stoffteil dann entlang dieser Linie aus.

Schnittmuster ausschneiden

Pause das passende Schnittmuster für dein Modell mit Bleistift ab. Verwende hierfür durchsichtiges Pauspapier. Schneide dann das Schnittmuster aus dem Pauspapier aus. Übertrage auch die verschiedenen Markierungen. Oder du schneidest das Schnittmuster direkt aus den beiliegenden Vorlagen aus.

Schnittmuster auf den Stoff übertragen

Lege dein Schnittmuster auf den Stoff und stecke es mit Stecknadeln fest. Umfahre das Schnittmuster mit Schneiderkreide oder einem weichen Bleistift. Übertrage auch alle Markierungen im Schnittmuster auf den Stoff. Dann nimmst du das Schnittmuster wieder ab.

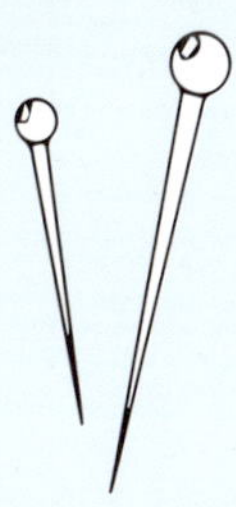

Stoff ausschneiden

Wenn du das Schnittmuster übertragen hast, schneidest du den Stoff entlang der Kreide- oder Bleistift-Linie mit einer Stoffschere aus. Am besten möglichst genau, der Stoffrand dient dir gleich als Orientierung für deine Naht.

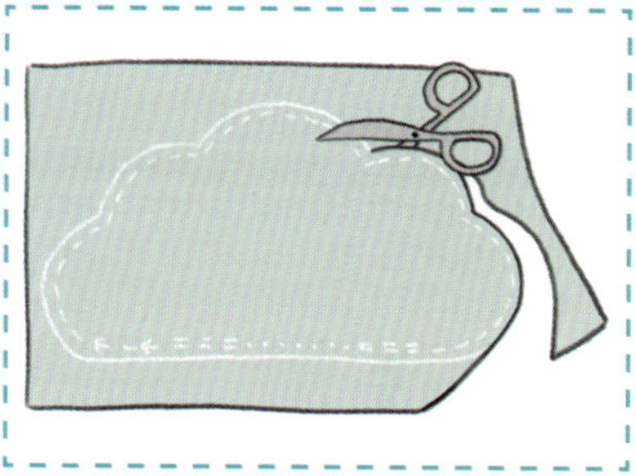

Stecknadeln befestigen

Um zwei Stoffe aufeinander zu stecken, stichst du Stecknadeln von oben nach unten durch beide Stoffe und schiebst die Spitze wieder durch beide Stoffe zurück nach oben. Das geht leichter, wenn du den Stoff etwas anhebst. Befestige die Nadeln so auf dem Stoff, dass sie beim Nähen nicht im Weg sind.

DEINE GRUNDANLEITUNG

NÄHEN

Zum Nähen legst du den Stoff unter das Füßchen, der Beginn deiner Naht liegt unter der Nadel. Senke das Füßchen auf den Stoff, indem du den Füßchenhebel nach unten drückst. Drehe an dem Handrad, bis die Nadel im Stoff steckt.

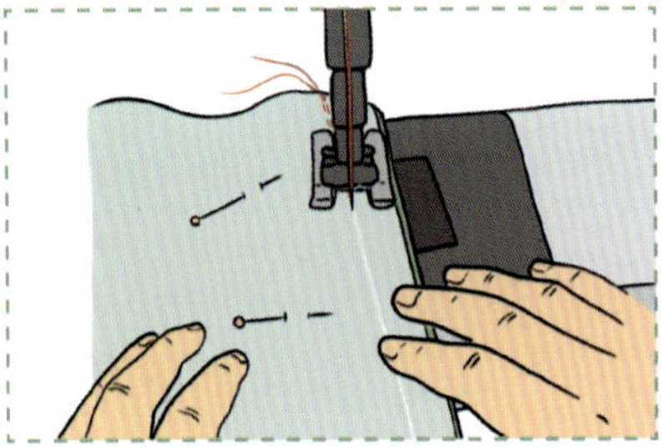

Jetzt kannst du beginnen:
Halte mit beiden Händen den Stoff fest, um zu steuern. Halte dabei Abstand zu dem Nähfüßchen ein.

Tritt vorsichtig auf das Pedal, schon näht die Maschine los. Wenn du den Fuß wieder wegnimmst, hört sie auf zu nähen.

GERADE NÄHTE

Gerade Nähte sind besonders leicht zu nähen, halte den Stoff trotzdem zum Lenken mit den Händen fest, damit du genau auf der Linie bleiben kannst.

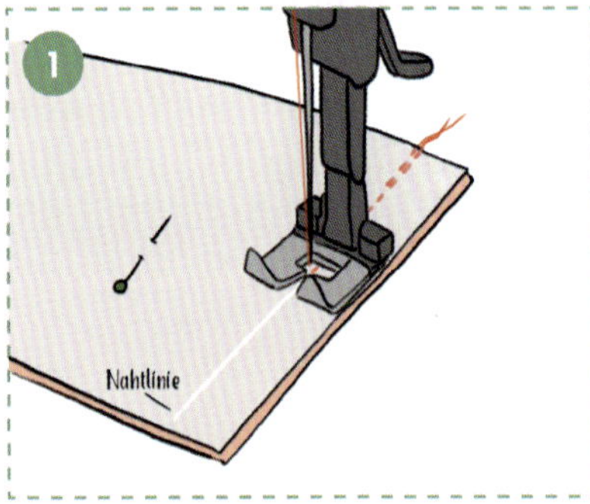

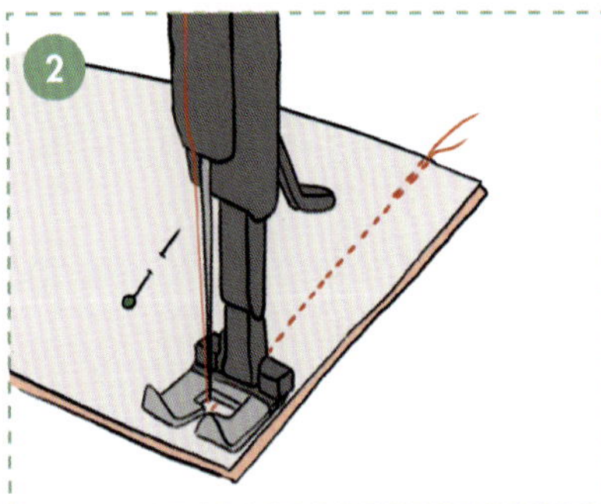

Nähte mit Rückwärts-stichen sichern

Am Anfang und Ende jeder Naht nähst du einige Stiche rückwärts. Damit sicherst du die Naht und sie kann nicht mehr aufgehen. Dafür musst du einen bestimmten Hebel drücken oder vorher einen Knopf betätigen, das ist an jeder Maschine etwas anders.

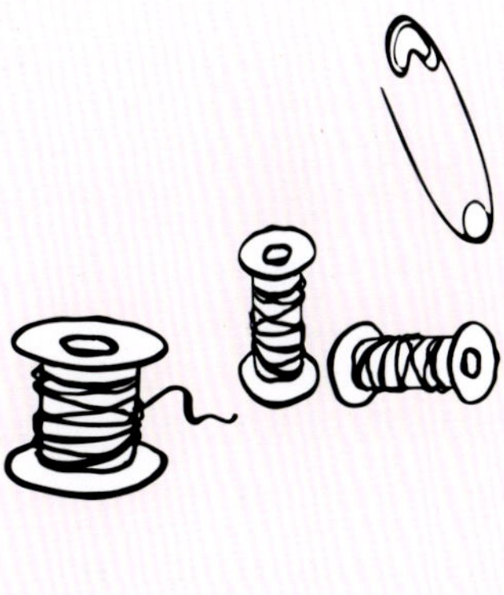

Ecken nähen

Nähe genau bis zu dem Eckpunkt und drehe am Handrad, bis die Nadel im Stoff steckt. Stelle das Füßchen hoch und drehe den Stoff, so dass du auf der Linie nach dem Eckpunkt weiternähen kannst. Senke das Füßchen wieder ab, bevor du weiternähst.

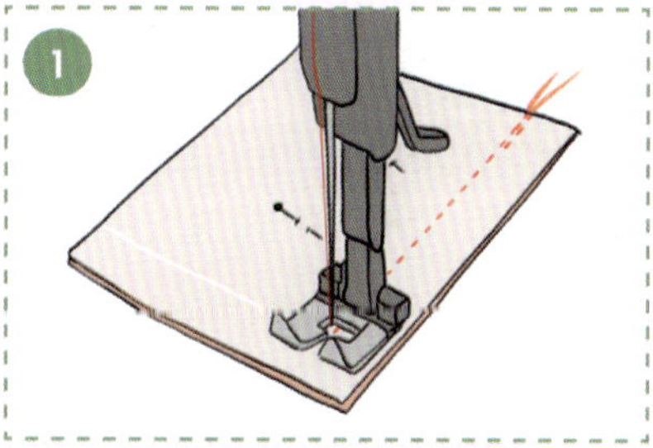

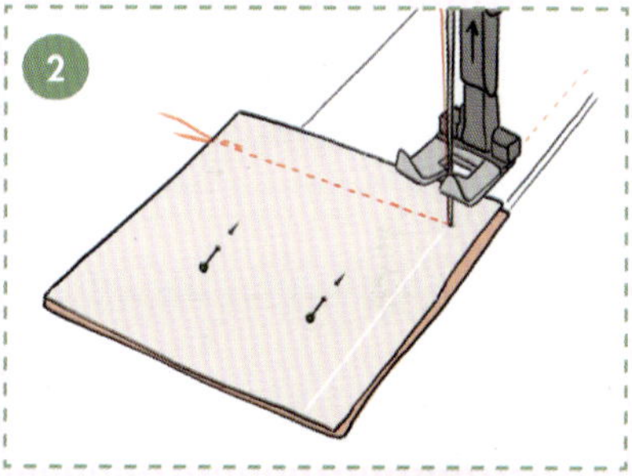

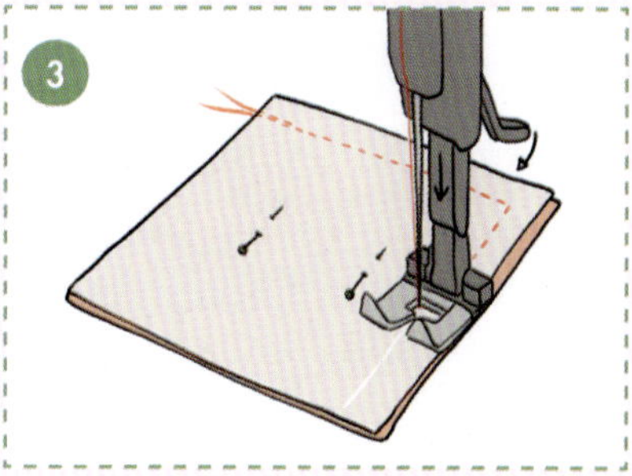

Rundungen nähen

Manchmal ist es schwer, den Stoff so schnell mitzulenken, wie die Rundung genäht werden soll. Dann hältst du einfach kurz an. Senke erst mit dem Handrad die Nadel in den Stoff, hebe dann das Füßchen und richte den Stoff neu aus. Senke das Füßchen wieder ab, bevor du weiternähst.

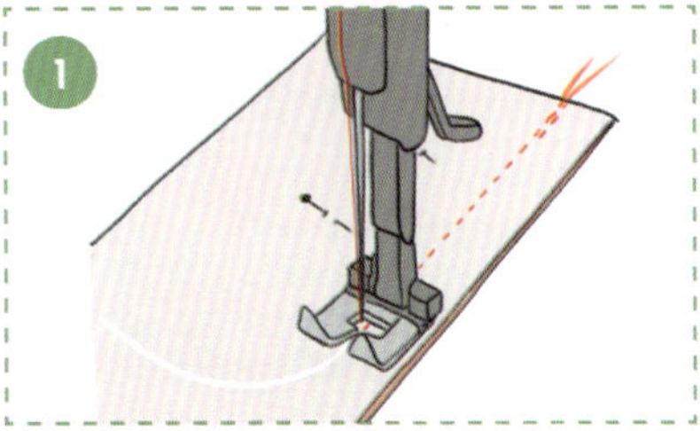

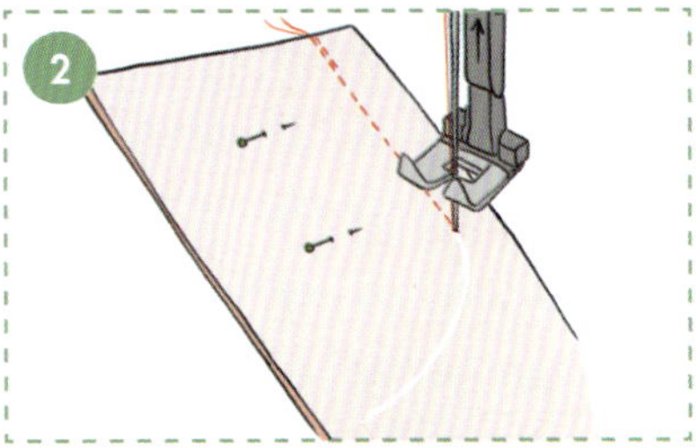

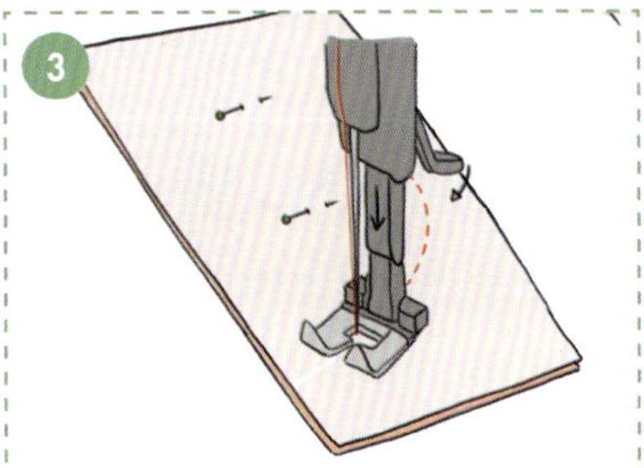

Füßchenbreit nähen

Mit diesem Abstand werden die meisten Modelle im Buch genäht. Dabei läuft der Rand des Füßchens an der Stoffkante entlang.

Wenn du es noch zu schwer findest, füßchenbreit zu nähen, kannst du einen Erwachsenen bitten, dir die Nahtlinien auf den Stoffteilen mit Schneiderkreide vorzuzeichnen.

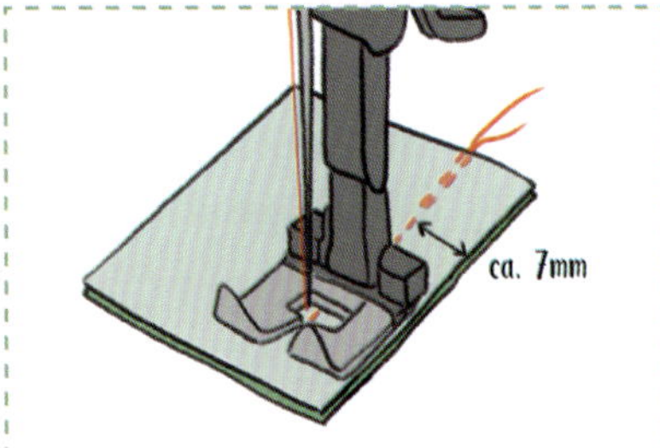

Knappkantig nähen

Nähe so dicht wie möglich an der Modellkante entlang, das eignet sich sehr gut für Modelle aus Filz.

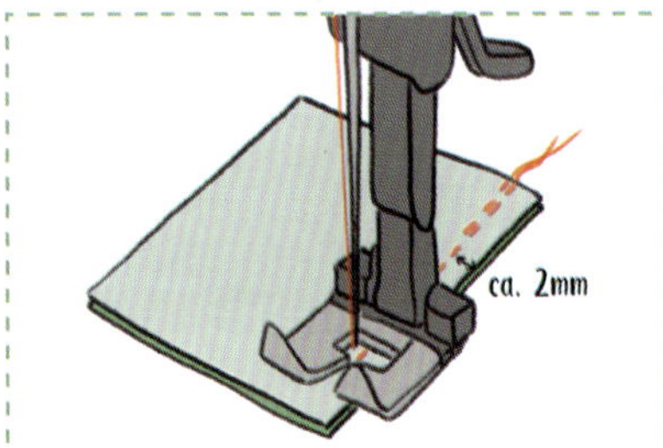

Nähte auftrennen

Hast du dich etwas vernäht, trennst du das entsprechende Stück einfach wieder auf und nähst anschließend noch einmal darüber. Achte dann wieder darauf, den Anfang und das Ende der Naht mit Rückwärtsstichen zu sichern. Zum Trennen kannst du einen Nahttrenner unter die Nähfäden schieben und sie damit durchschneiden.

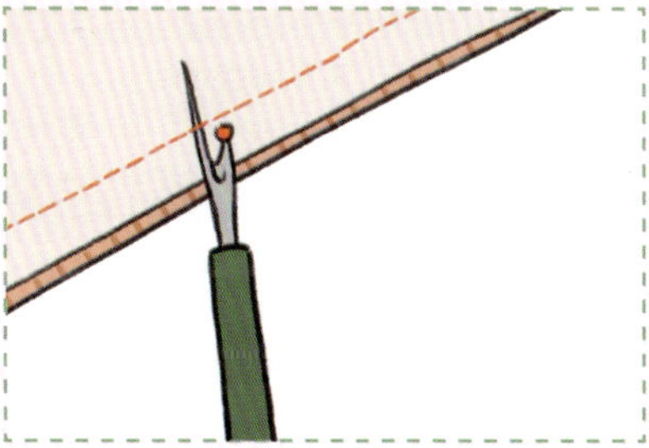

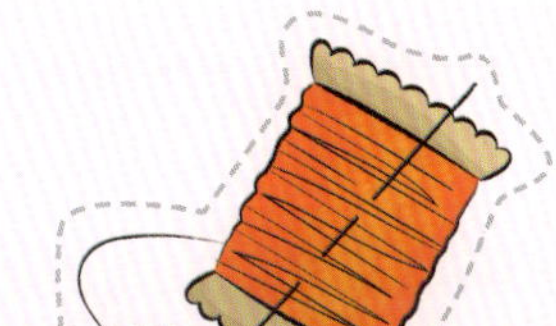

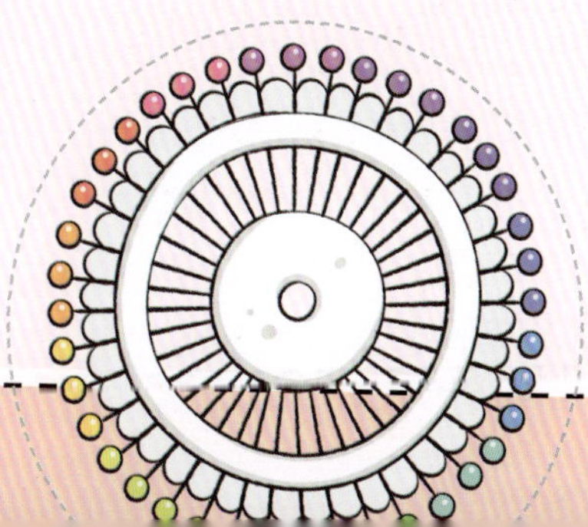

Nahtzugaben einknipsen und abschneiden

Damit sich das Modell nach dem Wenden schön legt, müssen bei einer Ecke die Zugaben abgeschnitten werden.

In den Rundungen schneidest du die Zugaben mit einer kleinen spitzen Schere bis kurz vor die Naht ein.

Jersey nähen

Um Jersey zu nähen, benutzt du eine Jerseynadel. Sie hat eine abgerundete Spitze. Stelle an deiner Nähmaschine den Jerseystich oder einen kleinen Zickzackstich (Stichbreite 1,5 mm, Stichlänge 2,5 mm) ein. Die Nahtzugaben brauchst du nicht zu versäubern, da Jersey nicht ausfranst.

HANDSTICHE

Matratzenstich

Mit dem Matratzenstich ist die Naht unsichtbar. Stich an einem Ende der Öffnung durch einen Stoff aus und genau auf der gleichen Höhe in den anderen Stoff wieder ein. Arbeite weiter, indem du immer abwechselnd in die beiden Stoffe einstichst.

Vorstich

Der Vorstich ist der einfachste Handstich. Stich von unten durch den Stoff aus und dann ca. 5 mm daneben wieder ein. Arbeite so in immer gleichen Abständen weiter.

Überwendlingsstich

Stich die Nadel immer wieder von der gleichen Seite durch beide Stofflagen.

PFAFF

NÄHMASCHINENFÜHRERSCHEIN

Das lernst du hier!

- Schnittmuster auf den Stoff übertragen
- Ecken und Kurven nähen
- Nahtzugaben zurückschneiden und einknipsen
- Ein Modell mit Watte füllen
- Wendeöffnung mit Handstichen schließen

MATERIAL

KATZE

Baumwollstoff in Hellblau mit Punkten, 2x 25 cm x 20 cm ★ Bügelfilz in Weiß ★ Bügelfilz in Rot ★ Füllwatte ★ farblich passendes Nähgarn ★ Bügeleisen ★ Stoffmalstift in Schwarz

Schnittmusterbogen F

ZUSCHNEIDEN

Pause das Schnittmuster mit allen Linien und Markierungen vom Schnittmusterbogen ab und schneide es mit einer Papierschere aus.

KATZE ZUSCHNEIDEN FILZ:

Filz in Weiß:
2x Augenkreis

Filz in Rot:
1x kleines Herz
1x großes Herz

MONSTER ZUSCHNEIDEN FILZ:

Filz in Weiß:
2x Augenkreis
3x Zahn

Filz in Rot:
1x Stern

KATZE

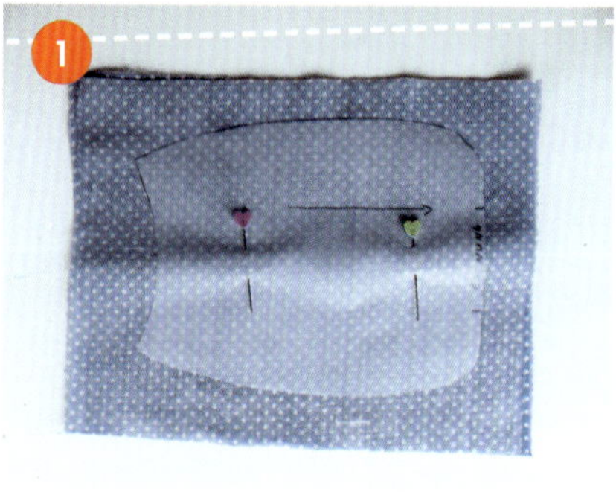

Lege die beiden Stoffrechtecke rechts auf rechts passgenau aufeinander. Platziere das Schnittmuster mittig darauf und stecke es mit Stecknadeln fest.

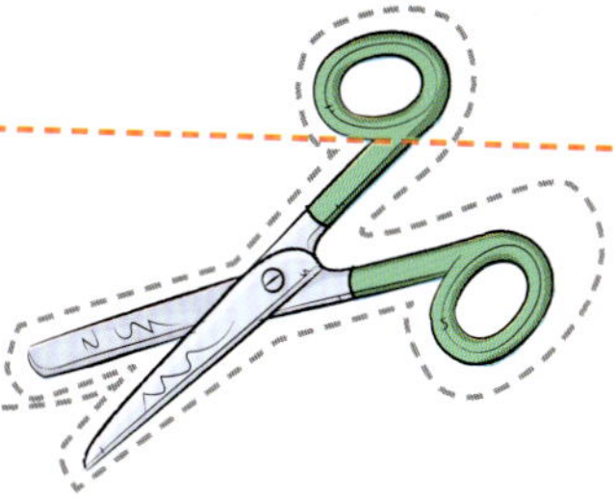

Dieses Modell kann du mit den Materialien aus dieser Box nähen.

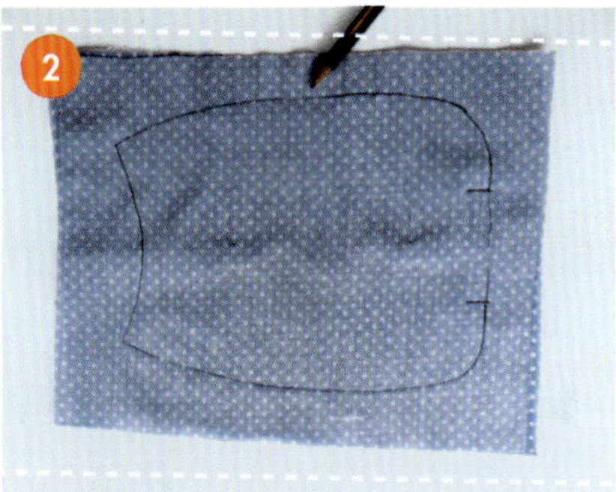

Umrande das Schnittmuster mit einem Bleistift oder Schneiderkreide und übertrage anschließend die Markierungen für die Wendeöffnung auf den Stoff. Anschließend nimmst du das Schnittmuster wieder ab.

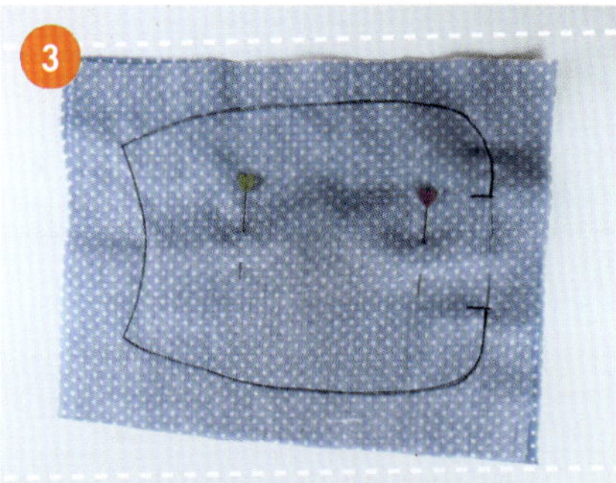

Stecke zwei Nadeln mittig in die Stofflagen, damit diese beim Nähen nicht verrutschen. Nähe mit geradem Stich (Stichlänge 2,5 mm) entlang der Linie, lass dabei die Wendeöffnung zwischen den Markierungen aus. Denke beim Nähen der Ecke daran, die Nadel im Stoff stecken zu lassen, wenn du das Füßchen hebst, um den Stoff zu drehen (siehe Seite 13).

TIPP Wenn du den Nähmaschinenführerschein geschafft hast, kannst du auch alle anderen Modelle im Buch nähen! Fange am besten mit den einfacheren Modellen an, damit du noch mehr Übung bekommst. Und schon bald wirst du dich auch bei den etwas schwierigeren Teilen ganz sicher fühlen.

Schneide das Modell mit 1 cm Nahtzugabe aus (siehe Seite 10).

Schneide die Nahtzugaben an den Ecken schmal zurück und knipse sie an den Rundungen ein.

Jetzt kannst du das Modell wenden. Dafür ziehst du die rechten Stoffseiten durch die Wendeöffnung nach außen. Zupfe die genähten Spitzen schön nach außen.

Bügle die Filzteile mit Hilfe eines Erwachsenen auf. Schiebe etwas Papier als Schutz vor dem Durchdrücken der Farbe zwischen die Stofflagen und male Pupillen, Schnurrhaare und Mund auf.

Fülle die Figur mit Watte. Nimm dabei immer nur wenig Watte auf einmal und schiebe sie zuerst bis in die Spitzen. Anschließend füllst du den restlichen Körper.

Um die Wendeöffnung zu schließen, schiebst du die Nahtzugaben nach innen und fixierst sie mit Stecknadeln. Nähe die Öffnung mit Überwendlingsstichen zu. Dafür immer von einer Seite durch beide Stofflagen stechen.

NÄHMASCHINEN-FÜHRERSCHEIN

Herzlichen Glückwunsch! Du hast den Nähmaschinenführerschein bestanden! Fülle die in der Box enthaltene Urkunde aus und bewahre sie bei deiner Nähmaschine auf.

MONSTER

1 Arbeite das Monster wie die Katze von Schritt 1-6.

2 Bügle die Filzteile mit Hilfe eines Erwachsenen auf. Schiebe etwas Papier als Schutz vor dem Durchdrücken der Farbe zwischen die Stofflagen und male Pupillen und einen großen Mund auf.

3 Stelle das Monster fertig wie in der Anleitung Katze Schritt 8-9 beschrieben.

KOPFHÖRER-TÄSCHCHEN

MATERIAL

Baumwollstoff für Außen in Türkis mit weißen Sternen, 15 cm x 25 cm ★ Baumwollstoff für Innen in Hellblau, 15 cm x 25 cm ★ Volumenvlies zum Aufbügeln H630 oder H640, 3-5 mm stark, 15 cm x 25 cm ★ Band in Hellgrün, 15 mm breit, 6 cm lang ★ 1 Druck-Knopf in Türkis ★ Schlüsselring Stern in Silber, 33 mm ø ★ Farblich passendes Nähgarn

Schnittmusterbogen D

ZUSCHNEIDEN

Alle Teile mit 1 cm Nahtzugaben ausschneiden.

Baumwollstoffe und Volumenvlies:
Je 1x das Täschchen

TIPP Das Täschchen eignet sich auch gut für einige Münzen oder zum Beispiel einen Einkaufswagen-Coin. Mit einem Coin darin ist es ein wunderbares Geschenk für liebe Erwachsene.

Zuerst mithilfe eines Erwachsenen das Volumenvlies auf die linke Seite des Innenstoffes bügeln.

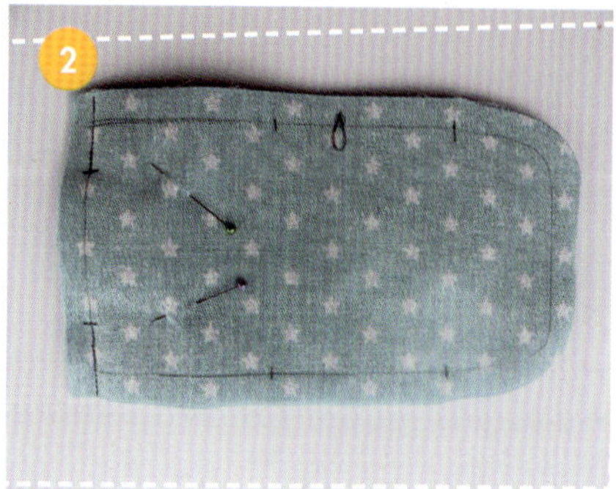

Stecke das äußere und innere Taschenteil rechts auf rechts aufeinander. Die kurze Kante von beiden Seiten aus jeweils bis zur Wendeöffnung mit geraden Stichen zunähen.

Falte die Stoffe auseinander und bügle die Nahtzugaben auseinander.

Das Band zur Schlaufe legen und entsprechend der Markierung im Schnittmuster auf die rechte Seite des Außenstoffes stecken. Die Schnittkanten von dem Band liegen dabei bündig zur Nahtzugabe. Nähe die Schlaufe innerhalb der Nahtzugabe mit einigen Stichen fest.

Lege das Täschchen mit den schönen Stoffseiten nach oben auf die Arbeitsfläche. Falte jetzt den Stoff mit der Naht bis zur Markierung nach oben.

Anschließend die Klappenteile aufeinander falten, sodass die schönen Seiten innen liegen. Stecke alle Stofflagen mit Stecknadeln fest.

Nähe das Täschchen an den Seiten und der oberen Rundung füßchenbreit zusammen. Die untere gerade Kante, an der die Stoffe umgefaltet sind, auslassen. Knipse die Nahtzugaben an den Rundungen v-förmig ein.

Jetzt kannst du das Täschchen wenden. Greife dafür zwischen die Stofflagen an der unteren geraden Kante und ziehe die Stoffe durch die Wendeöffnung hindurch.

NÄH-TIPP Denke auch bei dicken/wattierten Stofflagen daran, das Füßchen abzusenken. Manchmal kann es so aussehen, als wäre es bereits unten, wenn der Stoff den ganzen Raum zwischen Nähplatte und Füßchen ausfüllt.

Die Nahtzugaben an der Wendeöffnung nach innen falten. Nähe die Öffnung mit Matratzenstichen zu.

Zuletzt die Markierungen für die Druckknöpfe auf das Täschchen übertragen und diese mit einer Zange befestigen. Den Schlüsselring durch die Bandschlaufe schieben.

LESEZEICHEN

MATERIAL

FUCHS
Baumwollstoff in Orange-Gelb gemustert, 15 cm x 45 cm ★ dünne Vlieseinlage zum Aufbügeln (z. B. Vlieseline® H200), 15 cm x 25 cm ★ Bastelfilz in Weiß, Rest ★ Pompon in Schwarz, ø 5 mm ★ farblich passendes Nähgarn ★ Bastelkleber ★ Stoffmalstift in Schwarz

HERZ
Baumwollstoff in Rot-Weiß gestreift, 12 cm x 35 cm ★ dünne Vlieseinlage zum Aufbügeln (z. B. Vlieseline® H200), 12 cm x 20 cm ★ farblich passendes Nähgarn

Schnittmusterbogen A

ZUSCHNEIDEN

FUCHS
Schneide die Stoff- und Vliesteile mit 1 cm Nahtzugabe zu; das halbe rückwärtige Teil aus Vlieseinlage schneidest du an der Umbruchlinie ohne Nahtzugabe zu. Übertrage die Markierung für die Wendeöffnung auf die Stoffteile. Die Filzteile schneidest du ohne Nahtzugaben zu.

Baumwollstoff:
1x rückwärtiges Teil
2x Vorderteil

Vlieseinlage:
1x Vorderteil
1x die Hälfte des rückwärtigen Teils (bis zur Umbruchlinie)

Bastelfilz:
2x Wange
2x Innenohr

HERZ
Baumwollstoff:
1x rückwärtiges Teil
2x Vorderteil

Vlieseinlage:
1x Vorderteil
1x die Hälfte des rückwärtigen Teils (bis zur Umbruchlinie)

FUCHS

Bügle die Vlieseinlagen auf die linke Stoffseite eines Vorderteils und einer Hälfte des rückwärtigen Teils. Lass dir dabei von einem Erwachsenen helfen.

Falte das rückwärtige Teil an der Umbruchlinie links auf links. Stecke das Teil rechts auf rechts bündig auf die unteren Kanten eines Vorderteils.

Stecke das zweite Vorderteil rechts auf rechts darauf. Nähe die Teile zusammen, lass dabei die Wendeöffnung aus.

Schneide die Nahtzugaben an den Ecken vorsichtig bis kurz vor die Naht zurück. Knipse sie auch an den Rundungen und an den Ansätzen der Ohren ein.

Jetzt kannst du das Lesezeichen wenden und bügeln. Schiebe die Nahtzugaben an der Wendeöffnung nach innen und nähe die Öffnung von Hand mit dem Matratzenstich zu.

Klebe Innenohren, Wangen und den Pompon als Nase auf das Fuchsgesicht und male die Augen mit dem schwarzen Stoffmalstift auf.

Toll, du hast an einem Modell neun Ecken genäht!

Herz

Arbeite das Herz wie den Fuchs in Schritt 1–5. In Schritt 2 legst du das gefaltete rückwärtige Teil bündig an die untere Spitze des Vorderteils.

STOFFKÖRBE

MATERIAL

MINI

Baumwollstoff Mint, 35 cm x 25 cm ★ Baumwollstoff in Weiß mit getupften Kreisen in Gelb und Grün, 35 cm x 25 cm ★ Volumenvlies zum Aufbügeln, 3-5 mm stark, 35 cm x 25 cm ★ Farblich passendes Nähgarn

MAXI

Baumwollstoff in Dunkelblau, 50 cm x 30 cm ★ Baumwollstoff in Hellblau mit weißen Tupfen, 50 cm x 30 cm ★ Volumenvlies zum Aufbügeln, 3-5 mm stark, 50 cm x 30 cm ★ Farblich passendes Nähgarn

ZUSCHNEIDEN

Alle Material-Maße beinhalten bereits 1 cm Nahtzugaben.

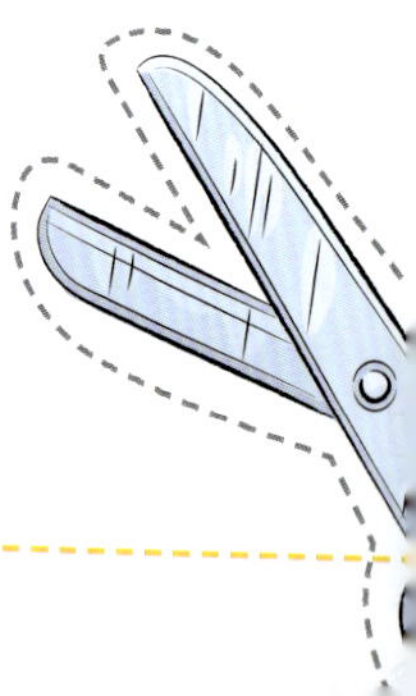

TIPP

Wattierte Vlieseinlagen zum Aufbügeln sind praktisch, da sie beim Nähen nicht verrutschen können. Du kannst aber auch einfach wattierte Vlieseinlagen benutzen. Fixiere diese dann mit Stecknadeln auf dem Stoff, bis alle Lagen miteinander vernäht sind.

Mithilfe eines Erwachsenen das Vlies auf die Rückseite des äußeren Korb-Teiles bügeln. Halte dich dabei an die Bügelinformation des Herstellers.

Stecke die beiden Stoffe rechts auf rechts aufeinander und nähe sie entlang einer langen Kante mit geradem Stich füßchenbreit zusammen.

Falte die Stoffe auseinander und bügle die Nahtzugaben auseinander.

Falte die Stoffe längs rechts auf rechts zusammen, sodass immer gleiche Stoffe aufeinander liegen und die Nähte genau aufeinandertreffen. Stecke die Lagen fest und nähe sie entlang der langen Kante füßchenbreit zusammen.

Falte den bunt gemusterten Stoff nach außen, sodass die offenen Kanten aufeinandertreffen. Nähe die vier Stofflagen füßchenbreit zusammen und versäubere die Nahtzugaben mit breiten Zickzackstichen.

Für den Boden ziehst du die Stoffe auseinander und steckst sie mit der Seitenkante bzw. Seitennaht auf die Bodennaht.

Markiere jeweils eine Linie mit Abstand von 3 cm (kleiner Stoffkorb) / 6 cm (großer Stoffkorb) zur Spitze.

Wende den Korb, sodass die einfarbige Seite außen ist und stelle den Korb auf. Falte den oberen Rand nach außen um. Das sieht schön aus und gibt dem Korb mehr Halt.

NÄH-TIPP Stelle beim Nähen von dickeren Stofflagen oder von Stoffen mit Wattierung immer einen etwas größeren Stich mit einer Stichlänge von 3-4 mm ein.

Nähe mit geraden Stichen entlang beider Markierungslinien. Schneide die genähten Ecken mit 1 cm Nahtzugabe ab und versäubere die Kanten mit breiten Zickzackstichen.

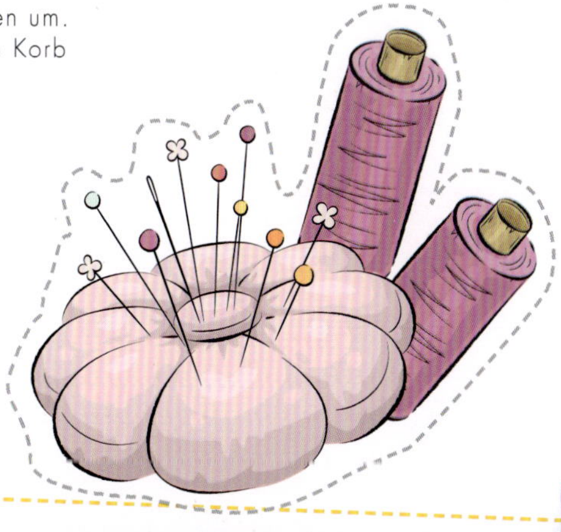

JERSEY-LOOP

MATERIAL

LANGER LOOP

Jersey in Hellblau-Grau gestreift, 140 cm breit, 30 cm ★ Jersey in Graublau, 140 cm breit, 30 cm ★ farblich passendes Nähgarn ★ Jerseynadel für die Nähmaschine

ZUSCHNEIDEN

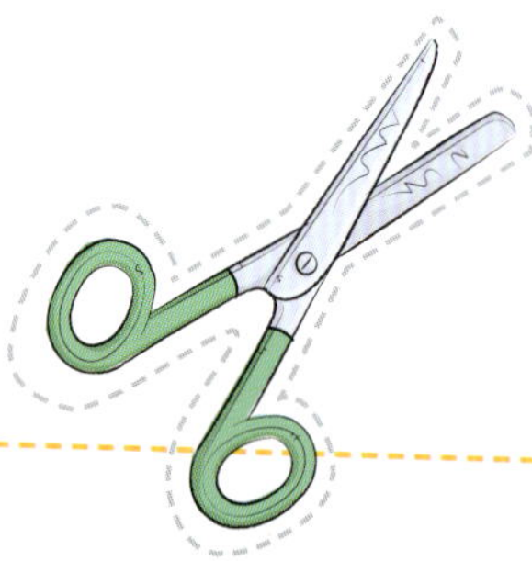

Alle Maße enthalten bereits 1 cm Nahtzugabe, schneide die Stoffteile daher ohne Nahtzugabe zu.

NÄH-TIPP Die Jerseynadel setzt du vor dem Nähen anstelle der normalen Nadel in die Nähmaschine ein. Sie hat eine abgerundete Spitze, die die feinen Stoffmaschen des Jerseys nicht beschädigt.

MATERIAL

KURZER LOOP

Jersey in Rot-Grau gestreift, 30 cm x 50 cm ★ Jersey in Orange, 30 cm x 50 cm ★ farblich passendes Nähgarn ★ Jerseynadel für die Nähmaschine

TIPP Ist der Stoff, der dir für deinen Loopschal gefällt, nicht 140 cm breit? Nähe einfach zwei 30 cm x 71 cm große Stoffrechtecke an den schmalen Kanten rechts auf rechts zusammen. Arbeite anschließend den Schal ab Schritt 1 der Anleitung weiter.

TIPP Du kannst den langen Loop auch aus schön gemusterten Baumwollstoffen nähen. Er ist dann etwas luftiger und passt super zu Sommer-Outfits!

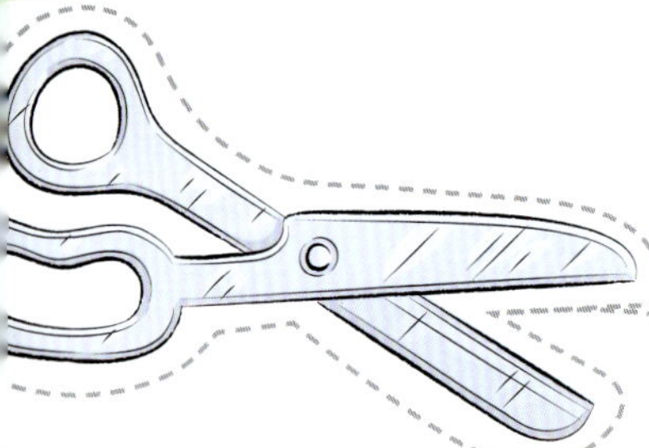

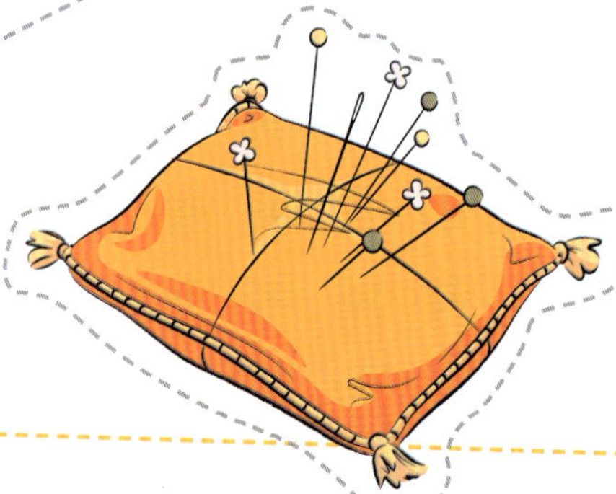

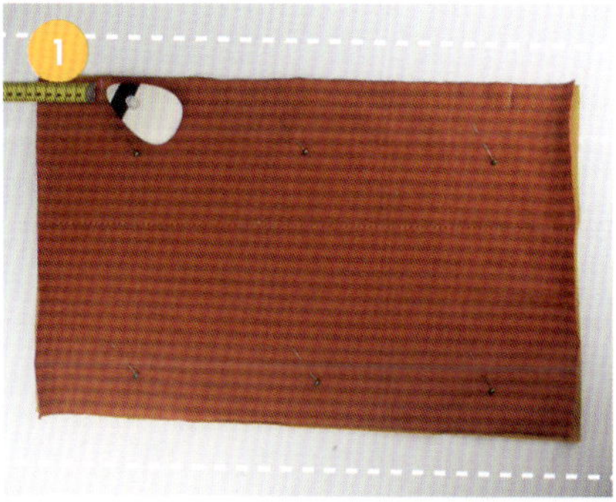

Stecke die beiden Jersey-Rechtecke rechts auf rechts aufeinander. Zeichne an einer langen Kante an beiden Seiten von den Enden ausgehend jeweils eine 6 cm lange Strecke, auf der nicht genäht wird.

Nähe die Stoffe innerhalb der Markierung füßchenbreit mit dehnbaren Stichen (siehe Seite 15) zusammen. Anschließend nähst du die andere lange Kante komplett zusammen.

Wende den genähten Stoffschlauch, so dass die rechten Stoffseiten außen liegen. Lege den Schlauch zu einem Ring und stecke die kurzen Kanten so rechts auf rechts, dass jeweils gleiche Stoffe aufeinanderliegen. Nähe die kurzen Seiten zusammen.

Falte die Nahtzugaben an der Öffnung 1 cm breit nach innen und fixiere die Stofflagen mit Stecknadeln. Nähe die Öffnung knappkantig zu. Schon ist dein Loopschal fertig und du kannst ihn anprobieren.

SCHAF

Material

Teddy-Plüsch in Lammfell-Optik in Wollweiß, 150 cm breit, 25 cm ★ Baumwollstoff in Grau, 15 cm x 70 cm ★ Baumwollstoff in Creme, 10 cm x 20 cm ★ Bastelfilz in Weiß, 1 mm stark, 5 cm x 10 cm ★ Bastelfilz in Schwarz, 1 mm stark, 2 cm x 8 cm ★ Füllwatte ★ Farblich passendes Nähgarn

Schnittmusterbogen B+C

Zuschneiden

Alle Teile aus Stoff und Plüsch mit 1 cm Nahtzugaben ausschneiden.

Baumwollstoff in Grau:
1x das Ohr bei doppelter Stofflage
1x der Kopf bei doppelter Stofflage
2x das Bein bei doppelter Stofflage

Baumwollstoff in Creme:
1x das Ohr bei doppelter Stofflage

Plüsch:
1x den Körper bei doppelter Stofflage

Filz in Weiß:
2x das Auge

Filz in Schwarz
2x die Pupille
1x die Schnauze

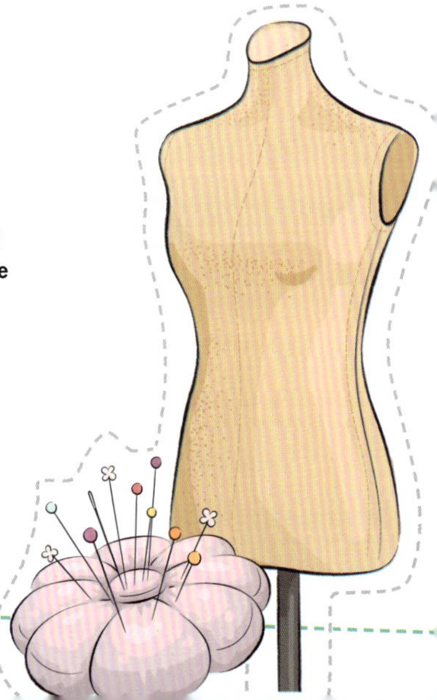

Jeweils ein Ohr-Teil in Grau und Weiß rechts auf rechts aufeinander stecken und an den Außenrundungen füßchenbreit zusammennähen. Die Nahtzugaben an den Rundungen v-förmig einknipsen. Beide Ohren wenden und mithilfe eines Erwachsenen bügeln. Die Ohren mittig falten und mit Stecknadeln fixieren.

Für die Beine jeweils zwei Teile aufeinander stecken und an den Seiten und am Boden füßchenbreit zusammennähen. Die Nahtzugaben an den Rundungen v-förmig einknipsen. Die Beine wenden und bügeln. Anschließend die Beine mit wenig Watte füllen.

Ein Kopf-Teil mit der schönen Seite nach oben auf die Arbeitsfläche legen. Die gefalteten Ohren entsprechend der Markierung im Schnittmuster darauflegen.

Das zweite Kopf-Teil rechts auf rechts darauflegen und alle Lagen zusammenstecken. Den Kopf rundum zusammennähen, die Wendeöffnung oben am Kopf auslassen. Die Nahtzugaben rundum v-förmig einknipsen.

NÄH-TIPP Wenn du beim Einknipsen der Nahtzugaben aus Versehen einmal die Naht mit durchschneidest, kannst du dein Modell leicht reparieren. Nähe einfach etwas weiter innen neben der Naht noch einmal entlang.

TIPP Das Schaf sieht auch in dunklem Plüsch oder gemusterten Baumwollstoffen sehr süß aus.

Den Kopf wenden und mit Watte ausfüllen. Falte die Nahtzugaben an der Wendeöffnung nach innen und nähe die Öffnung mit Matratzenstichen zu.

Lege den Kopf auf die Arbeitsfläche. Ein Körperteil mit der schönen Seite nach unten auf den Kopf legen, so dass die Nahtmarkierung auf dem Kopf liegt. Nähe den Kopf von der Körperseite aus mit Vorstichen fest.

Beide Körperteile rechts auf rechts aufeinander stecken, der Kopf liegt dabei innen. Nähe den Körper rundum zusammen, die Wendeöffnung auslassen. Die Nahtzugaben an den Rundungen v-förmig und an den Innenecken mit geraden Schnitten einknipsen.

Wende das Schaf und fülle es kuschelig mit Watte aus.

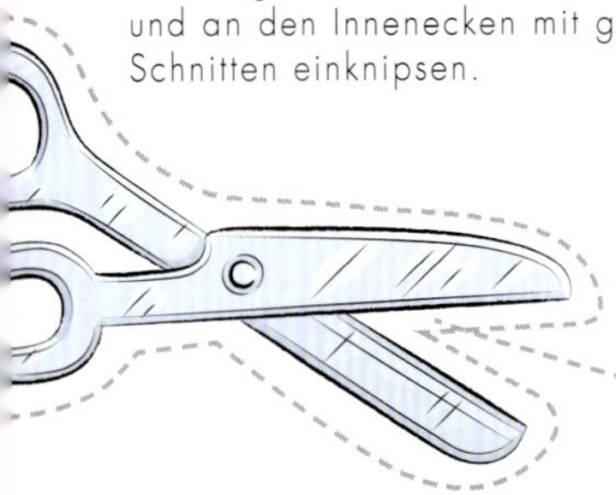

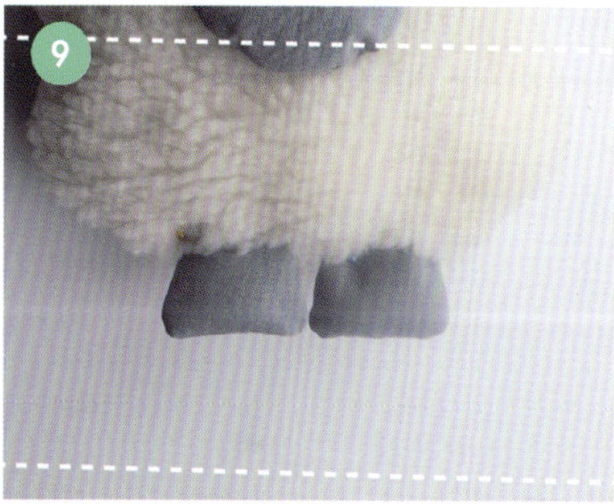

Die Nahtzugaben an der Wendeöffnung nach innen falten. Schiebe die beiden Beine 1 cm breit zwischen die Stofflagen und stecke alles fest. Jetzt nähst du die Öffnung mit Vorstichen zu, die Beine dabei mit festnähen.

Zuletzt Augen, Pupillen und die Schnauze aufkleben.

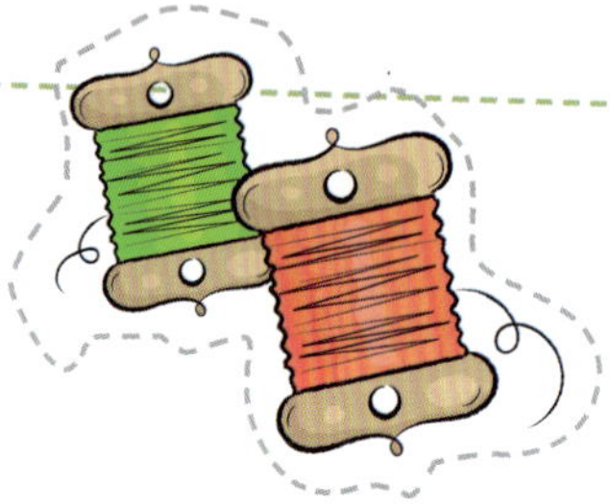

NADEL-KISSEN

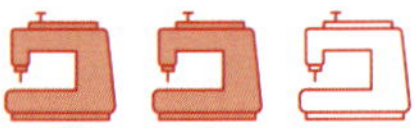

MATERIAL

Baumwollstoff in Grün mit dunkelgrünen Punkten, 30 cm x 35 cm ★ farblich passendes Nähgarn ★ Trickmarker oder Schneiderkreide ★ Pappe, 2 mm stark, 5 cm x 6 cm ★ Stein, ca. 3 cm x 4 cm x 4 cm ★ Füllwatte ★ 2 ovale Wackelaugen, 1,8 cm hoch ★ Pompon in Schwarz, ø 5 mm ★ Bastelkleber

Schnittmusterbogen E

ZUSCHNEIDEN

Schneide die Stoffteile mit 1 cm Nahtzugabe zu. Übertrage die Markierungen für die Wendeöffnung auf die Stoffteile.

Baumwollstoff:
2x Körper

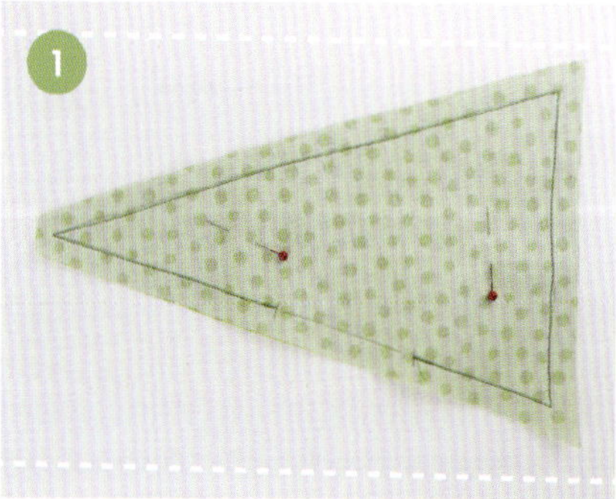

Stecke die beiden Teile des Körpers rechts auf rechts. Nähe die Teile rundherum füßchenbreit zusammen, dabei die Wendeöffnung auslassen.

Schneide die Nahtzugaben an der oberen genähten Spitze schmal zurück.

Damit das Nadeltier stehen kann, braucht es einen Boden. Lege dafür die Seitennähte genau auf die Bodennaht und fixiere die Stofflagen mit Nadeln. Zeichne jeweils mit 3 cm Abstand von der genähten Ecke eine Querlinie.

Nähe entlang der beiden eingezeichneten Linien. Schneide dann die Ecken mit 1 cm Nahtzugabe ab.

Übertrage die gepunktete Markierungslinie aus dem Schnittmuster auf das Modell und nähe die Stofflagen entlang der Linie zusammen. So wird der „Kopf" vom Körper abgetrennt.

Lege das Rechteck aus Pappe als Boden in das Nadeltier. Setze den Stein als Standgewicht darauf.

Jetzt kannst du das Nadeltier fest mit Füllwatte ausstopfen. Schließe die Wendeöffnung mit Stecknadeln und nähe sie mit Überwendlingsstichen zu.

Klebe zuletzt die Wackelaugen und die Pompon-Nase mit Bastelkleber auf.

Du machst das schon richtig gut :)

TIPP Das Nadeltier ist auch ein tolles Geschenk für Freunde, die gerne nähen.

PATCHWORK-UNTERSETZER

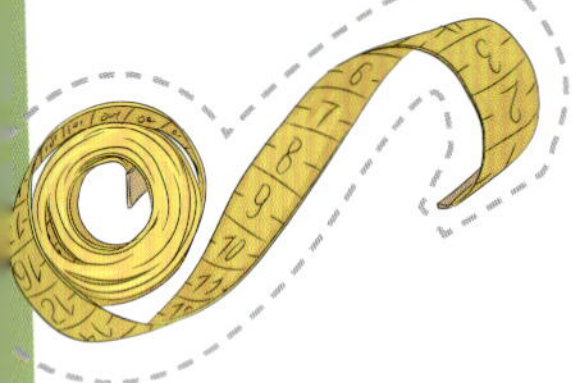

MATERIAL

Baumwollstoffreste in vier verschiedenen Farben und Mustern ★ farblich passendes Nähgarn

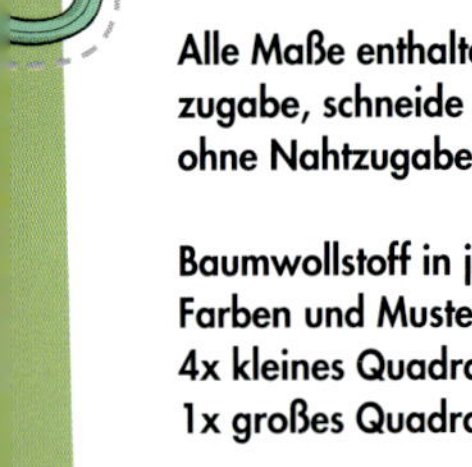

ZUSCHNEIDEN

Alle Maße enthalten bereits 1 cm Nahtzugabe, schneide die Stoffteile daher ohne Nahtzugabe zu.

Baumwollstoff in jeweils verschiedenen Farben und Mustern:
4x kleines Quadrat, 7 cm x 7 cm
1x großes Quadrat, 12 cm x 12 cm

Stecke kleine Stoffquadrate rechts auf rechts. Nähe die Stofflagen an einer Kante füßchenbreit mit geradem Stich (Stichlänge 2,5 mm) zusammen.

Wiederhole Schritt 1 mit den beiden anderen kleinen Stoffquadraten. Falte die Stoffe auf und bügle die Nahtzugaben auseinander. Lass dir dabei von einem Erwachsenen helfen.

Stecke die zusammengesetzten Stoffteile rechts auf rechts aufeinander, so dass Mittelnähte genau übereinanderliegen. Nähe die Stoffe an einer langen Kante füßchenbreit zusammen. Falte die Stoffe auf und bügle die Nahtzugaben auseinander.

Stecke das Patchwork-Teil rechts auf rechts auf das große Stoffquadrat. Zeichne an einer Seite von einer Ecke aus eine 5 cm lange Wendeöffnung ein. Nähe die Stoffe rundherum füßchenbreit zusammen, lass dabei die Wendeöffnung aus.

Schneide die Nahtzugaben an den Ecken bis kurz vor die Naht zurück. Anschließend wendest du den Untersetzer durch die Wendeöffnung.

Schiebe die Nahtzugaben an der Wendeöffnung nach innen und nähe die Öffnung knappkantig zu. Und schon hast du einen unverwechselbaren Untersetzer für dein Trinkglas.